Ralph Gravenstein

Das letzte Wort gehört mir.

Das letzte Wort gehört mir.

Ralph Gravenstein

Bibliografische Information der Deutschen Nationalbibliothek:
Die Deutsche Nationalbibliothek verzeichnet diese Publikation
in der Deutschen Nationalbibliografie; detaillierte bibliografische Daten sind im Internet über http://dnb.dnb.de abrufbar.

Die automatisierte Analyse des Werkes, um daraus Informationen insbesondere über Muster, Trends und Korrelationen gemäß §44b UrhG („Text und Data Mining") zu gewinnen, ist untersagt.

© 2025 Ralph Gravenstein

Verlag: BoD · Books on Demand GmbH, Überseering 33,
22297 Hamburg, bod@bod.de

Druck: Libri Plureos GmbH, Friedensallee 273, 22763 Hamburg
ISBN: 978-3-8192-1111-9

Inhaltsverzeichnis

„Der Arzt hat die Pflicht, Leben zu er-
halten, zu schützen und zu fördern."
(Richtlinien zur Sterbehilfe)

Bundesärztekammer, April 1979

„Jeder Mensch hat das Recht, selbstbe-
stimmt zu sterben."

Dr. Roger Kusch, wiederholt seit 2009
Anlass: Gründung und Tätigkeit von Sterbehilfe Deutschland

Die Entscheidung, dieses Buch unter meinem echten Namen zu veröffentlichen, habe ich mir nicht leicht gemacht: Denn sein Inhalt wird vielen nicht gefallen. Aber ich bin der Ansicht, dass dieses Thema schon viel zu sehr tabuisiert wird. Ein weiterer anonymer Beitrag nutzt dem Ziel nicht, dieses Tabu zu beenden und eine zielführende Diskussion anzustoßen.

Nein, ich bin kein Jurist. Und auch kein Psychiater, kein Arzt, kein Ethiker. Ich bin einfach nur ein Mensch, der sich seine eigenen Gedanken gemacht hat. Über sein Leben. Über sein Sterben. Und über die Freiheit, Letzteres nicht als Unfall oder Tragödie zu begreifen, sondern als bewusst gestaltete Option.

Dieses Buch ist kein Fachbuch. Es ist kein Ratgeber. Und es ist vor allem keine Werbung für irgendetwas. Was es sein will, ist ein Versuch: Der Versuch, all das aufzuschreiben, was ich in mir trage, wenn ich über Lebensmüdigkeit nachdenke – über das eigene Ende, über das Recht, seinen Zeitpunkt selbst zu wählen, und über die Realität, in der dieses Recht häufig weder anerkannt noch respektiert wird.

Was mich dabei umtreibt, ist nicht nur Nachdenklichkeit. Es ist auch Wut. Eine leise, aber stetige Wut: Wut darüber, dass sich zahllose Fremde – Institutionen, Funktionäre, Kirchenleute, Berufspolitiker, selbsternannte Lebensschützer – anmaßen, **meine** Entscheidung zu beurteilen, zu kontrollieren oder gar zu blockieren. Dass sie mir, unter dem Vorwand, mich „schützen" zu wollen, genau das Leid zufügen, das sie angeblich verhindern möchten: Sie geben mir das Gefühl, entrechtet zu sein. Entmündigt. Ausgeliefert.

Ich verstehe, dass das Leben wertvoll ist. Ich verstehe sogar, dass manche Menschen Angst haben, wenn andere freiwillig aus dem Leben gehen wollen. Aber ich verstehe nicht – und werde es auch nie verstehen – warum ein selbstbestimmter Todeswunsch weniger ernst genommen werden darf als ein Therapie- oder Gebetswunsch. Warum ausgerechnet in der freiheitlichsten Phase eines Lebens – seiner Beendigung – der Staat und zig andere Institutionen plötzlich die stärkste Kontrolle beanspruchen.

Dieses Buch will nicht provozieren. Aber es will klar sein. Es will zeigen, dass das, was juristisch längst entschieden scheint – das Recht auf selbstbestimmtes Sterben – in der Praxis oft scheitert. An Angst. An Ideologie. An Strukturen. An einem Verständnis von Fürsorge, das in Wahrheit Bevormundung ist.

Ich schreibe dieses Buch nicht, weil ich sterben will. Ich schreibe es, weil ich leben will – in Würde, in Freiheit, in Selbstbestimmtheit. Und weil ich eines Tages, wenn es soweit ist, nicht darum betteln möchte, diese Freiheit behalten zu dürfen.

Es ist ein Buch über ein Recht, das wir alle haben – und viele nicht ausüben dürfen. Und es ist ein Buch gegen das große Schweigen dazu.

„Die Gewissheit, es selbst in der Hand zu haben, war von Anfang an notwendiger Bestandteil meiner Psychohygiene."

Wolfgang Herrndorf, 2010 (Blog "Arbeit und Struktur")

GIBT ES EIN RECHT AUF LEBENSMÜDIGKEIT?

Das Wort „Lebensmüdigkeit" klingt harmloser, als es ist. Es klingt fast poetisch. Als würde man einfach nur ein bisschen genug haben vom Immerweiter, vom Lärm, vom Wollenmüssen. Lebensmüde sein – das sagen wir manchmal halb im Scherz, wenn jemand unvorsichtig über eine Straße läuft oder eine riskante Idee hat.

Aber was, wenn es kein Scherz ist?

Was, wenn jemand nicht mehr will – nicht heute, nicht morgen, nicht irgendwann?

Was, wenn jemand sagt: „Ich habe mein Leben gelebt. Ich bin satt. Ich möchte, dass es gut endet, bevor es schlecht wird" – und meint das nicht als Trotz, nicht als Hilferuf, sondern als bewusste Entscheidung?

Darf man das?

Die überraschende Antwort lautet: **Ja. Man darf.**

Zumindest theoretisch.

Das Bundesverfassungsgericht hat 2020 entschieden (1), dass jeder Mensch das Recht hat, sich das Leben zu nehmen – und sich dabei helfen zu lassen. Egal, ob er krank ist oder nicht. Egal, ob er alt ist oder jung. Der Staat darf niemanden dazu zwingen, weiterzuleben. Nicht einmal aus Gründen des „Lebensschutzes".

Das klingt, als sei die Sache geklärt. Ist sie aber nicht. Denn während das Recht auf selbstbestimmtes Sterben **verfassungsrechtlich anerkannt** ist, fehlt es an allem, was man bräuchte, um dieses Recht auch wirklich **auszuüben**.

- Es gibt keine staatlich anerkannten Verfahren.

- Es gibt keine gesetzliche Absicherung.

- Es gibt keinen garantierten Zugang zu den nötigen Medikamenten.

- Und: Es gibt keine Instanz, die verpflichtet wäre, dich auf deinem Weg zu begleiten – selbst dann nicht, wenn deine Entscheidung geprüft, begründet und stabil ist.

Mit anderen Worten: Du darfst dir das Leben nehmen.
Du darfst dir Hilfe holen.
Aber wehe, du findest niemanden, der dir hilft. Dann war es das mit deinem Recht.

Willkommen in der deutschen Realität.

„LEBENSMÜDE" BEDEUTET NICHT „VERZWEIFELT"

Wenn man über Lebensmüdigkeit spricht, läuft man immer Gefahr, missverstanden zu werden. Viele glauben, man müsse krank sein, verzweifelt oder depressiv – sonst könne man so etwas doch gar nicht empfinden. Die Vorstellung, dass jemand bei klarem Verstand, in einem ruhigen Moment, ohne Not, ohne Gewalt, einfach sagen kann: „Ich bin

fertig mit dieser Welt" – ist für viele unvorstellbar. Oder
unerträglich.

Ich kann das nachvollziehen. Aber ich finde es nicht richtig.

Denn genau darin liegt ja das Problem: Dass wir immer
zuerst fragen: „Was stimmt nicht mit dir?" statt zu fragen:
„Was brauchst du, damit du nicht allein bist mit deiner
Entscheidung?"

Lebensmüdigkeit ist kein Defekt (2). Kein Fehler im System.
Sie ist ein Teil des Menschseins. Vielleicht der ehrlichste.

Und genau deshalb sollte sie ernst genommen werden.
Nicht mit Pathologisierung. Nicht mit Zwangseinweisung.
Sondern mit Respekt.

*MUT MUSS AUS ANGST ENTSTEHEN – AUCH AUS DER
ANGST UM ANDERE*

Ich weiß, dass es nicht leicht ist, darüber zu reden. Und ich
weiß auch, dass viele, die in Verantwortung stehen – in
Politik, in Medizin, in Kirche – ehrlich bemüht sind, Missbrauch zu verhindern. Aber genau das ist der Punkt: Die
Angst vor dem Missbrauch darf nicht dazu führen, dass
niemand mehr ans Mittel kommt. Dass aus Vorsicht Blockade wird. Und aus Fürsorge Bevormundung.

Wenn ich lebensmüde bin – aus welchem Grund auch immer – dann habe ich ein Recht auf diese Empfindung. Ich
muss sie niemandem erklären. Ich muss mich nicht recht-

fertigen. Ich muss nicht leiden, damit mein Wunsch als „echt" gilt.

Ich muss nur ich selbst sein dürfen.

Denn:

Das Recht auf Lebensmüdigkeit gibt es.
Es steht nicht im Gesetzestext, aber es lebt in der Verfassung.
Was fehlt, ist der Mut, es zu respektieren.
Was fehlt, ist der Respekt vor einem Ende, das gewollt ist – nicht nur erlitten.

Und was mich wirklich wütend macht: Dass man mir durch dieser fehlende Respekt vor dem Individuum und seinen Entscheidungen ein Leid zufügt, das nicht notwendig wäre.

„Mit diesem Tagesordnungspunkt
beginnen wir das vielleicht
anspruchsvollste Projekt dieser
Legislaturperiode."

Bundestagspräsident Norbert Lammert (CDU),
13.11.2014, Beginn der Bundestagsdebatte

„Du bist doch krank. Sonst würdest du so etwas gar nicht denken."

Diesen Satz hören Menschen mit einem Todeswunsch ziemlich oft. Manchmal von Freunden. Manchmal von Ärzt*innen. Manchmal von völlig Fremden. Und jedes Mal ist er eine Entwertung. Denn er bedeutet im Kern: *Dein Wille zählt nicht, weil du angeblich gar keinen echten hast.*

Natürlich: Es gibt viele Menschen, deren Wunsch zu sterben aus einer behandlungsbedürftigen Krise entsteht – aus Depression, aus Verzweiflung, aus Kontrollverlust. Niemand bestreitet das. Und es ist gut, dass es Hilfsangebote gibt, um aus solchen Krisen herauszufinden. Was ich jedoch bestreite, ist die Annahme, **dass jeder Todeswunsch zwangsläufig ein Notruf ist.**

Denn genau da beginnt die Krux: In dem Moment, wo du sagst, dass du nicht mehr willst, beginnt das System zu fragen, *was mit dir nicht stimmt.* Nicht: *Was hat dich zu dieser Entscheidung geführt?* – sondern: *Wo ist der Defekt in deinem Denken?*

Dabei gäbe es gute Gründe, warum ein Mensch zu dem Schluss kommt: Es reicht. Ich habe gelebt. Ich habe genug gesehen. Ich will nicht warten, bis der körperliche Verfall beginnt. Oder die Pflege. Oder das Vergessen.

Und trotzdem: Sobald dieser Gedanke geäußert wird, stehen die Ampeln auf Pathologisierung. Der Todeswunsch wird nicht als Aussage eines freien Geistes verstanden (3), sondern als Symptom. Als Störung. Als Alarmzeichen.

Es ist, als gäbe es keine andere Möglichkeit, als entweder „krank" zu sein oder „funktionierend". Ein Dazwischen – ein nüchternes „Nein danke, ich bin fertig" – ist nicht vorgesehen.

Dabei bemühen sich viele Gutachter*innen und Fachärzte durchaus um Differenzierung. Sie stellen Fragen. Sie beobachten. Sie prüfen: Ist der Wunsch stabil? Ist er nachvollziehbar? Ist er frei von Wahn, von Druck, von Hoffnungslosigkeit?

Und ja: Wenn jemand sagt, er will sterben – aber dabei ziellos, durcheinander, inkonsequent oder schwankend wirkt –, dann ist Vorsicht geboten. Aber wenn jemand mit klarem Blick, über lange Zeit, mit ruhiger Stimme sagt, er habe alles bedacht – warum wird das nicht als das gewertet, was es ist? **Eine bewusste Entscheidung.**

Wir akzeptieren so viele Entscheidungen von Menschen – dass sie rauchen, obwohl es ihnen schadet. Dass sie allein bleiben wollen. Dass sie hungern oder trinken oder sich tätowieren lassen. Warum akzeptieren wir nicht, wenn jemand **sich gegen das eigene Weiterleben entscheidet – nicht aus Trotz, nicht aus Not, sondern aus Nachdenklichkeit?**

Vielleicht liegt das Problem tiefer. Vielleicht haben wir als Gesellschaft einfach keinen Platz für Menschen, die mit dem Leben abgeschlossen haben – ohne dass sie traumatisiert, verbittert oder krank sind. Vielleicht brauchen wir das Bild vom hilfsbedürftigen Menschen, um uns selbst gut zu fühlen. Vielleicht sind wir so sehr auf Heilung, auf Optimierung, auf „Kopf hoch" trainiert, dass wir gar nicht mehr hören können, wenn jemand *ohne Drama* sagt: Es ist genug.

Und vielleicht – das ist meine feste Überzeugung – liegt dahinter ein noch grundlegenderer Reflex: **die Unfähigkeit vieler, andere Lebensentwürfe als gleichwertig und gültig anzuerkennen.**

Wer anders liebt, anders glaubt, anders lebt – oder eben anders gehen möchte – wird allzu oft nicht verstanden, sondern **abgewertet.** Nicht selten verpackt in den Mantel vermeintlicher Sorge. Wer nicht so lebt wie „wir", wie „man das eben macht", wird erst belächelt, dann bedauert – und im schlimmsten Fall bekämpft. Wer den eigenen Tod nicht als Unglück, sondern als selbstbestimmte Wahl begreift, **sprengt die Konvention.** Und das ist vielen ein Dorn im Auge.

Wir sehen das überall: bei der Ablehnung queerer Identitäten. Beim Hass auf Menschen aus anderen Ländern. Bei der pathologischen Angst vor neuen oder anderen Religionen. Wer sein Leben nicht nach der Norm lebt, bekommt Probleme. Wer seinen Tod nicht nach der Norm denkt **erst recht.**

Statt also zuzuhören, wird etikettiert.
Statt zu begleiten, wird behandelt.
Statt ernst zu nehmen, wird entschärft.

Das ist keine Fürsorge. Das ist Kontrolle.

Ich will niemandem seinen Wunsch zu helfen nehmen. Ich bin selbst froh darüber, dass es Krisenhilfe gibt. Aber wer Menschen mit Todeswunsch **automatisch zu Kranken erklärt**, der nimmt ihnen die letzte Würde, die sie noch haben: die, selbst über sich zu bestimmen.

Das ist die Krux mit der Diagnose: Sie kann Leben retten – oder sie kann Selbstbestimmung verhindern. Und das geschieht nicht selten gleichzeitig.

„Auch bei Sterbehilfe schafft Angebot Nachfrage. Wer die Tür auch nur einen Spaltbreit öffnen hilft, der wird sie nicht mehr schließen können."

MdB Michael Brand (CDU), 13.11.2014

„Ich will nicht in einer Gesellschaft leben, in der Menschen ihren Lebenssinn oder gar ihren Lebensunterhalt daraus gewinnen, anderen den Tod zu bringen."

MdB Kathrin Vogler (Die Linke), 13.11.2014

Stell dir einfach mal vor du hast einen Todeswunsch. Er ist nicht impulsiv, nicht verzweifelt, nicht dramatisch. Du hast ihn lange bedacht, vielleicht über Jahre. Du hast mit niemandem gesprochen, weil du wusstest, was dann passiert: betretenes Schweigen. Oder hektische Aktivitäten. Oder beides.

Und irgendwann willst du es doch richtig machen. Geordnet. Legal. Begleitet. Nicht heimlich, nicht verstört. Also gehst du zu einem Arzt. Oder zu einer Psychologin. Oder zu einer Organisation.

Dann beginnt das Spiel.

Ein Spiel mit zu vielen Regeln, von denen niemand genau weiß, ob und wie sie gelten.

Zuerst kommt von außen der Zweifel. Nicht an dir – sondern an deinem Willen. Ob du das wirklich willst. Ob du krank bist. Ob du das nur sagst, um Hilfe zu bekommen. Ob du manipuliert wirst. Oder psychotisch bist. Oder einfach nur überarbeitet. Man wird dich prüfen. Und das ist nicht falsch. Nur: *Es hört nicht auf.*

Denn das Problem ist nicht, dass geprüft wird. Das Problem ist, dass niemand dir sagt, **wann du als „geprüft genug" giltst.**

Ein Gutachten genügt selten. Zwei sind besser. Drei beruhigen die Akte. Aber keines davon verschafft dir das, was du eigentlich suchst: Zugang. Sicherheit. Unterstützung.

Die meisten Organisationen sagen freundlich ab. Die meisten Ärzt*innen ziehen sich still zurück. Einige erklären dir, warum sie nicht helfen können. Andere sagen gar nichts. Plötzlich bist du wieder allein. Nur diesmal nicht mehr am Anfang. Sondern kurz vor dem Ende – ohne Weg dorthin.

Und dann? Dann beginnst du zu googeln. Du suchst nach Mitteln. Nach Methoden. Nach Erfahrungsberichten. Du liest, welche Medikamente wirken – und wo man sie (vielleicht) bekommt. Du findest Foren, die man besser nicht finden sollte. Du begibst dich an einen Ort, der **nicht das Recht auf Selbstbestimmung achtet, sondern das Risiko in Kauf nimmt.**

Denn wenn das System dich nicht auffängt, baust du dir dein eigenes. Und das ist selten gut.

Es gibt viele Menschen, die ihr Leben nicht beenden wollten – sondern lediglich wieder Kontrolle über ihr Leben zurückgewinnen wollten. Diese Menschen enden dann in Katastrophen. Nicht, weil sie sterben. Sondern weil sie es *nicht schaffen*. Weil sie überleben. Mit Hirnschäden. Mit Schmerzen. Mit noch mehr Hilflosigkeit.

Und das ist die wahre Tragödie:
Nicht, dass jemand sterben will. Sondern dass jemand dabei **versagt**, weil es **keinen legalen Weg gab, es richtig zu tun.**

Der Staat will schützen. Und das ist gut. Er will Missbrauch verhindern. Auch das ist richtig. Aber was er dabei vergisst, ist, dass es zwischen Kontrolle und Katastrophe auch **eine dritte Option gäbe**: Begleitung.

Nicht Betreuung. Nicht Bekehrung. Nicht Beruhigung. Sondern eine respektvolle, professionelle, absichernde Form der Suizid-Assistenz, bei der Menschen **nicht vor sich selbst bewahrt, sondern bei sich selbst gelassen werden.**

Doch stattdessen entsteht eine Grauzone, über deren Gründe man trefflich spekulieren kann: Aus Angst. Aus Unsicherheit. Aus politischen Feigheiten und moralischen Machtansprüchen. Eine Grauzone, in der sich auf jeden Fall Menschen verlieren – obwohl sie doch gerade so klar waren.

Manche kehren dann zurück ins Leben.
Andere nicht.
Aber alle bleiben auf der Strecke – weil ihnen niemand glaubte, dass sie wussten, was sie wollen.

Und manchmal frage ich mich: Wie viele dieser Menschen würden noch leben, **wenn sie sich ernstgenommen gefühlt hätten.** Nicht überredet, nicht therapiert – sondern einfach respektiert.

Denn wer das Ende wählen darf, entscheidet sich vielleicht manchmal doch fürs Weitermachen. Aber nur dann, wenn er das Gefühl hat, nicht dafür kämpfen zu müssen.

„Ein Arzt muss beim friedlichen Ein-
schlafen helfen dürfen, das will auch
die große Mehrheit der Bevölkerung."

MdB Peter Hintze (CDU), 13.11.2014

„Selbstbestimmtes Sterben durch
Verhungern oder Verdursten, weil es
keine Sterbehilfe gibt – ist das nicht
erbarmungslos?"

MdB Petra Sitte (Die Linke), 13.11.2014

DIE ORGANISATIONEN UND IHRE GRENZEN

Nachdem man begriffen hat, dass der Staat zwar ein Recht auf selbstbestimmtes Sterben zugesteht, aber **keine Infrastruktur, um es auszuüben**, gibt es noch einen Hoffnungsschimmer: die Organisationen.

Es gibt ja welche. DIGNITAS. Sterbehilfe Deutschland. Verein Sterbehilfe. Und noch ein paar kleinere.

Man hat ja schon davon gehört: Menschen reisen in die Schweiz, werden dort würdevoll verabschiedet, trinken ein Medikament, schlafen ein, sterben. Ruhig. Begleitet. Legal.

Auch hier gibt es erst einmal viel zu lernen: Was muss ich tun? Welche Unterlagen brauche ich? Wer spricht mit mir? Wer hilft mir?

Die Antwort ist: **Es kommt drauf an.**

Was man dabei bald begriffen hat: Diese Organisationen existieren – ja. Aber sie sind **nicht verpflichtet**, zu helfen. Auch dann nicht, wenn man alle Bedingungen erfüllt hat. Auch dann nicht, wenn ein Todeswunsch anerkannt, gutachterlich bestätigt und mehrfach bekräftigt wurde.

Denn Hilfe beim Sterben ist nicht einklagbar. Es ist ein Dienst, den man – wenn man Glück hat – bekommt. Oder eben nicht.

Und Glück hat, wer (Achtung, teilweise zynisch):

    1. alt ist,

2. krank ist,

3. leidet (nachweislich),

4. sich in ärztlicher Dauerbehandlung befindet,

5. und bereit ist, eine lange, mühsame Prozedur zu durchlaufen.

Kurz gesagt: **Je schlechter es dir geht, desto größer sind deine Chancen.**

Willst du aber einfach „nur" sterben, weil du das Leben zu Ende gedacht hast, weil du keine Angst hast, aber auch keine Neugier mehr – dann wird es schwierig.

Viele dieser Organisationen handeln aus ethischer Überzeugung. Und man glaubt ihnen das zurecht. Sie wollen niemandem etwas antun. Sie wollen nur sicher sein, dass jemand nicht aus einer momentanen Verzweiflung handelt. Das ist verständlich.

Aber was auffällt: Die Latte liegt hoch. **Sehr hoch.**

So hoch, dass selbst reflektierte, gefestigte, ruhige Menschen mit Todeswunsch daran scheitern. Nicht weil sie wanken. Sondern weil sie **nicht genug leiden.** Nicht genug schulmedizinische Aktenordner vorweisen können. Nicht genug Symptome.

Sie sind einfach nur lebenssatt.
Und das reicht nicht.

Das, liebe Leser, ist der Punkt, an dem ich wütend werde. Denn wenn ein Mensch nur dann sterben darf, wenn er genug gelitten hat, dann ist das kein Recht. Dann ist das ein Urteil anderer, das keine sinnvolle Grundlage hat.

Dann ist Suizid-Assistenz keine Dienstleistung mehr, sondern **eine Art Gnadenakt.** Und Gnade ist das Gegenteil von Freiheit.

Wenn du Glück hast, sagt die Organisation: „Wir prüfen das."
Wenn du Pech hast, sagt sie: „Wir können Sie nicht begleiten."

Dann sitzt du wieder da, mit deinem freien Willen in der Hand – aber niemandem, der dir hilft, ihn zu vollziehen.

Und ja, manche Organisationen argumentieren: „Wir haben eine Verantwortung. Wir müssen Missbrauch verhindern." Natürlich. Aber warum spricht dann niemand von der Verantwortung gegenuber jenen, die genau **nicht** wanken? Die nicht heimlich Tabletten horten oder Brücken auskundschaften, sondern es **richtig** machen wollen?

Ich habe nichts gegen diese Organisationen. Ich bin dankbar, dass es sie gibt. Aber ich bin auch enttäuscht davon, wie wenig Mut zum unbefangenen Denken zuweilen dahintersteht.

Denn sie füllen eine Lücke, die der Staat hinterlassen hat – und bauen dort **eigene Mauern.** (5)

Nicht böswillig. Aber es sind Mauern. Und die sind wirksam.

Es fühlt sich ein bisschen an, als würde man an einem Grenzübergang stehen, mit gültigem Pass, gültigem Visum und einem freundlichen Lächeln – und der Beamte sagt: „Tut mir leid, wir lassen heute nur Leute mit Fieber rein."

Und du denkst: *Aber ich will doch gar nicht krank sein. Ich will einfach nur rüber.*

Und die Antwort ist: *Genau deshalb kommst du hier nicht durch.*

„Zu Seriensterbehelfern und entspre-
chenden Organisationen gehen auch
viele Menschen mit Depressionen, die
eigentlich gerettet werden könnten."

MdB Karl Lauterbach (SPD), 13.11.2014

„Wir brauchen Mut zum Leben, keine
Hilfe zum Sterben."

MdB Katrin Göring-Eckardt (Grüne), 13.11.2014

WENN RECHT AUF WIRKLICHKEIT TRIFFT

Deutschland hat ein großes Herz für Prinzipien.
Nur mit der Wirklichkeit hat es gelegentlich Schwierigkeiten.

Das zeigt sich besonders deutlich, wenn ein Mensch in Deutschland sein Recht auf selbstbestimmtes Sterben in Anspruch nehmen möchte.

Denn obwohl das Bundesverfassungsgericht 2020 unmissverständlich entschieden hat, dass jeder Mensch das Recht hat, sein Leben zu beenden – und sich dabei helfen zu lassen –, wird dieses Recht im Alltag systematisch **verhindert.**

Nicht aus Bosheit. Nicht einmal aus Kalkül, sondern aus einem Gemisch aus politischem Zaudern, institutioneller Angst und gesellschaftlicher Scham.

Es ist, als hätte man einem Menschen ein Ticket in die Hand gedrückt, ihm den Weg erklärt – und ihm dann alle Türen zugeschlossen, die dort hinführen.

Was in Deutschland wirklich fehlt, ist **alles.**

- Es gibt kein Gesetz, das das Verfahren regelt.

- Es gibt kein Recht auf ein passendes Medikament.

- Es gibt keine Instanz, bei der man Hilfe beantragen könnte.

- Es gibt keine Listen von Ärztinnen oder Beratern, die begleiten dürfen – oder wollen.

- Es gibt keine verbindlichen Kriterien, wann ein Todeswunsch als „frei und ernsthaft" anerkannt wird.

Kurz: Du hast ein Recht – aber keine Möglichkeit, es auszuüben. Das ist so, als würde man dir das Wahlrecht zugestehen, aber keine Wahlzettel drucken.

Stattdessen herrscht Stillstand.

Der Bundestag hat mehrere Versuche unternommen, das Urteil umzusetzen – alle sind bislang gescheitert.
Nicht wegen offener Ablehnung, sondern weil sich **niemand traut**, klar zu entscheiden.

Die Angst vor Missbrauch ist groß.
Die Sorge, falsche Signale zu senden, noch größer.
Und so bleibt alles, wie es ist: gesetzlich erlaubt, praktisch blockiert.

Die Folge: Menschen, die es ernst meinen, landen wieder da, wo sie nicht sein wollten – **in der Illegalität.**

Sie bestellen Medikamente im Ausland, deren Qualität niemand prüft.
Sie treffen heimliche Vorbereitungen.
Sie sterben gegebenenfalls allein, ungeplant. Oft in Panik, aber immer würdelos. Oder sie überleben – schwer verletzt, stigmatisiert, noch alleingelassener als vorher.

Und das alles, obwohl ihr Wille frei war. Und obwohl sie **nichts Illegales wollten.** Nur das, was ihnen laut Bundesverfassungsgericht eigentlich zusteht: einen selbstgewählten, friedlichen Tod.

Wenn Recht auf Wirklichkeit trifft, verlieren meistens die, für die es gedacht war.

Denn ein Recht ist nichts wert, wenn es nicht erreichbar ist. Ein Versprechen ist keine Freiheit, wenn es im Konjunktiv bleibt.

Was mich daran so traurig macht: Es wäre alles da. Das Urteil. Der ethische Diskurs. Die medizinische Kompetenz. Die gesellschaftliche Reife.
Und doch fehlt der letzte Schritt: der politische Wille, es umzusetzen.

Manchmal habe ich den Eindruck, dass das gar nicht gewollt ist. Dass man sich lieber an der Idee des Rechts wärmt – als an seiner Umsetzung verbrennt.
Dass das System die Autonomie duldet, solange sie theoretisch bleibt.

Aber wehe, sie wird konkret. Dann wird es still.
Dann weicht der Fortschritt zurück, und der Stillstand flüstert: „Jetzt mal langsam. Nicht so radikal. Nicht so endgültig."

Doch für die Betroffenen ist es **nicht radikal.** Es ist nicht „plötzlich".

Es ist durchdacht, gewachsen, ruhig.
Und es verdient mehr als Schweigen.

Es verdient eine Antwort. Eine Haltung. Einen Zugang.

Oder, in einfacheren Worten:
einen Weg, der nicht heimlich ist. Einen, den man legal gehen kann.

„Man darf die Menschen im Sterben
nicht alleinlassen."

MdB Volker Kauder (CDU), 13.11.2014

„Ja, es gibt ein Recht auf Leben, aber
eben auch nicht die Verpflichtung,
qualvoll zu verrecken."

MdB Burkhard Lischka (SPD), 13.11.2014

Wenn Menschen darüber sprechen, dass sie sterben wollen, reagieren andere oft empört, betroffen oder ablehnend – manchmal alles zugleich. Wer genauer hinhört, merkt mitunter: Der Widerstand ist nicht immer Ausdruck von Mitgefühl, sondern oft eine Mischung aus unreflektierter moralischer Überzeugung, institutionellem Eigeninteresse und unbewusster Selbstvergewisserung.

Es lohnt sich, diese Widerstände nicht nur emotional zu betrachten, sondern **analytisch**.
Denn hinter dem „Nein" zum assistierten Suizid stehen **nicht nur Werte – sondern auch Machtstrukturen.**
Und hinter der Sorge um das Leben oft auch **die Sorge um den eigenen Einfluss.**

KIRCHEN UND GLAUBENSGEMEINSCHAFTEN: DAS LEBEN ALS GÖTTLICHES GUT

Die Argumentation der großen christlichen Kirchen ist vergleichsweise konsistent (7):
Der Mensch ist Gottes Geschöpf, und nur Gott bestimmt über Anfang und Ende des Lebens. Wer eingreift, stellt sich über Gott – sei es durch aktive Tötung oder durch begleitete Selbsttötung.

Daraus ergibt sich das kirchliche „Nein" nicht nur zur aktiven Sterbehilfe, sondern häufig auch zur passiven oder assistierten Form. Das Motiv ist theologisch: der Schutz des Lebens **als göttlich gestifteter Rahmen.**

Doch unter diesem Glaubenssatz steckt **ein strukturkonservatives Interesse**: die **Bewahrung einer Deutungshoheit der Kirche über existenzielle Fragen**. Wenn der Mensch selbst entscheiden darf, wann er geht, verliert die Kirche ihren Einfluss auf das „große Narrativ" vom Leben und Sterben. Wer aus freien Stücken sagt: *„Ich will nicht mehr"*, unterläuft das Versprechen auf Sinn durch Leid – eine zentrale Erzählung in der kirchlichen Trostlehre.

Das Argument:

> „Wir dürfen nicht zulassen, dass das Töten
> zur Option wird – auch nicht durch
> Suizid-Assistenz."

Die Schwäche daran:
Dieses Argument verwechselt **Angebot mit Pflicht**. Es behauptet, dass die bloße Möglichkeit zur Selbsttötung Druck erzeugt – verschweigt aber, dass viele Menschen erst durch das Fehlen dieser Möglichkeit in **verzweifelte Heimlichkeit** getrieben werden.

Auch die Ärztekammern und Berufsverbände lehnen eine institutionalisierte Suizid-Assistenz häufig ab – zumindest öffentlich.

Die offizielle Linie lautet:

> „Ärztliches Handeln dient dem Leben. Unsere Aufgabe ist es, zu heilen oder Leiden zu lindern – nicht zu beenden." (8)

Dieses Argument scheint edel – doch es ist **nicht wertfrei.** Denn in Wahrheit geht es um **die Definitionsmacht darüber, was „Hilfe" ist.**

Viele Ärzt*innen erleben in der Praxis, dass es schwer ist, zwischen freiem Willen und suizidaler Krise zu unterscheiden. Der Wunsch nach rechtlicher Sicherheit und Abgrenzung ist nachvollziehbar. Doch zugleich verteidigen die Kammern damit **ihre Rolle als moralische Instanz** – als Filter zwischen Wunsch und medizinischer „Erlaubnis".

Die Interessenlage:

- Vermeidung von rechtlicher Unsicherheit

- Erhalt eines gesellschaftlichen Leitbilds ärztlicher Verantwortung

- Abwehr zusätzlicher psychologischer, ethischer und juristischer Belastung im Praxisalltag

Die Argumente sind nicht falsch – aber sie **verengen den ärztlichen Auftrag** auf den physischen Erhalt des Lebens, nicht auf die **Begleitung existenzieller Entscheidungs-freiheit.**

Natürlich kann man sich trefflich darüber streiten, ob diese Begleitung existenzieller Entscheidungen Aufgabe der Medizin sein kann. Aber mangels besserer Alternativen sehe ich hier durchaus eine naheliegende Lösung.

PFLEGE- UND GESUNDHEITSINDUSTRIE:
DIE STILLEN PROFITEURE

Hier wird selten offen argumentiert – aber der strukturelle Zusammenhang ist offensichtlich:
Ein Mensch, der stirbt, braucht keine Pflege mehr. Kein Medikament. Keine Betreuung. Kein Gerät.
Das ist keine moralische Anklage gegen die Branche der Altenpflege. Aber es ist **eine nüchterne Tatsache.**

Je länger Menschen leben – auch in eingeschränkten Zuständen – desto mehr werden Leistungen abgerufen (9), für die irgendjemand bezahlt – und jemand anders daran verdient.

Die Argumentation erfolgt oft verschleiert, etwa so:

> „Wir müssen ein gesellschaftliches Klima
> schaffen, in dem kein Mensch das Gefühl
> hat, überflüssig zu sein oder zur Last zu fal-
> len."

Das klingt empathisch. Aber es ignoriert, dass das Gefühl, „überzählig" zu sein, **nicht durch das Vorhandensein von Sterbehilfe entsteht**, sondern durch **fehlenden Respekt**

vor der Autonomie. Außerdem ist die Unterstellung dieses Motivs eine drastische Verkürzung dessen, was sonst noch als triftiger Grund denkbar wäre.

Viele Menschen empfinden den Verlust von Kontrolle über ihr Ende **als das eigentliche Leid.** Wer sie zwingt, weiterzuleben, verlängert dieses Leid – oft unter großem ökonomischem Aufwand.

PSYCHIATRIE UND SUIZIDPRÄVENTION:
DER REFLEX DER PATHOLOGISIERUNG

Psychiater*innen und Suizidpräventionsstellen sehen in jedem Suizidwunsch zunächst eine potenzielle Krise[10]1010. Und sie handeln entsprechend: Sie versuchen, zu intervenieren, zu stabilisieren, zu therapieren.
Das ist richtig – in akuten Fällen. Doch es wird problematisch, wenn jede Lebensmüdigkeit zur Akut-Diagnose wird.

Die Argumentation lautet:

> „Wer sterben will, braucht Hilfe –
> nicht Bestätigung."

Doch auch hier steht eine **funktionale Logik dahinter**:

- Wer Behandlungsangebote hat, muss sie rechtfertigen.

- Wer Risiken für Patient*innen abwehren muss, will sich absichern.

[101010]: WHO (2014). Preventing suicide: A global imperative. World Health Organization. https://www.who.int

- Wer mit suizidalen Menschen arbeitet, hat ein berufliches Ziel: *Rettung*.

Diese Logik macht **die Dauer des Lebens zum Maßstab für Therapieerfolg.**

Doch ist es nicht denkbar, dass man auch in therapeutischer Begleitung zu dem Schluss kommt: *Ich will gehen – und ich bin dankbar für die Unterstützung, die mir erlaubt, das zu erkennen?*

DEINE GRÜNDE ZÄHLEN NICHT

Fazit: Keine dieser Gruppen ist „böse". Keine verfolgt per se menschenfeindliche Ziele. Aber alle verfolgen **ihre eigenen Rationalitäten** – und darin liegt das Problem.

Denn wer über Sterben spricht, will keinen Streit.
Er will weitergehen auf seinem Weg.

Und dieser Weg wird oft nicht blockiert, weil jemand gegen ihn ist – sondern weil **zu viele gleichzeitig ihre eigenen Gründe haben**, ihn nicht freizugeben. Der freie Wille des Betroffenen wird dabei ignoriert.

„Es sei daher ein Gebot der Nächsten-
liebe, den Sterbenden beim friedlichen
Entschlafen zu helfen."

MdB Peter Hintze (CDU), 13.11.2014

„Die Würde des Menschen gilt bis zum
letzten Atemzug."

unbekannter Abgeordneter, Bundestagsdebatte 2022

Wenn man in Deutschland über assistierten Suizid spricht, landet man irgendwann unweigerlich bei der Schweiz, bei den Niederlanden, bei Belgien, bei Kanada als Beispiele. Und jedes Mal klingt es, als würde man über ferne Planeten reden, auf denen es merkwürdige Sitten gibt.

Dabei reden wir nicht über Wildwuchs. Nicht über Dystopien. Sondern über Staaten, die sich getraut haben, **das Thema zu regeln – statt es zu verdrängen.**

Und siehe da: Die Welt ist dort nicht untergegangen. Im Gegenteil. Sie ist sogar etwas klarer geworden.

DAS SCHWEIZER MODELL

Beginnen wir mit der **Schweiz**. Dort ist assistierter Suizid seit Jahrzehnten legal – **solange keine eigennützigen Motive vorliegen.** Das klingt zunächst nach einem juristischen Hintertürchen, ist aber in der Praxis erstaunlich klar:

- Der Suizidwillige muss urteilsfähig sein.

- Der Wunsch muss überlegt und frei geäußert sein.

- Und die Hilfeleistung darf nicht aus Profitgier erfolgen.

Es gibt Organisationen wie **DIGNITAS** oder **EXIT**, die den Prozess begleiten – professionell, strukturiert, dokumentiert. Der Zugang ist nicht willkürlich, aber offen: Man muss keine tödliche Krankheit nachweisen.

Auch existenzielle Gründe genügen – **wenn sie nachvollziehbar und stabil sind.**

Man darf dort sterben, **weil man will – nicht nur, weil
man muss.** Wie sich das im Einzelfall verhält, ist jedoch im
Detail Sache der Organisationen.

NIEDERLANDE & BELGIEN KÖNNEN ES AUCH

Die Niederlande und **Belgien** haben ein anderes Modell:
Dort ist **aktive Sterbehilfe** erlaubt – also die gezielte Tö-
tung auf Verlangen durch eine Ärztin oder einen Arzt.
Die Bedingungen sind streng:

- Der Wunsch muss freiwillig und dauerhaft sein.

- Es muss ein „unerträgliches Leid" vorliegen – **kör-
  perlich oder psychisch**.

- Eine zweite fachliche Meinung ist Pflicht.

- Der Fall muss gemeldet und überprüft werden.

Was auffällt: Es geht **nicht um die Krankheit als Diagnose**, sondern um das **Leiden als Empfindung**.
Und dieses Leiden darf psychisch sein – sogar ohne unmit-
telbar tödliche Prognose.

Das zeigt ein bemerkenswertes Vertrauen: **dass Menschen
wissen dürfen, wann es für sie zu viel ist.**

Kanada hat mit dem Programm „MAID" (Medical Assistance in Dying) (6) ein weiteres Modell etabliert.
Dort ist Suizid-Assistenz seit 2016 legal – zunächst nur für terminal Erkrankte, inzwischen auch für Menschen mit chronischen, nicht-tödlichen Leiden.

Und ab 2027 soll es sogar möglich sein, **psychische Erkrankungen als alleinige Grundlage** für einen begleiteten Suizid anzuerkennen – mit umfangreicher Prüfung, aber ohne Generalverdacht.

Was diese Länder eint, ist **nicht die Beliebigkeit**, sondern die **Verbindlichkeit.**
Sie haben Verfahren, Fristen, Kontrollmechanismen.
Sie haben Stellen, an die man sich wenden kann.
Sie haben Dokumentationspflichten und Missbrauchsschutz.

Aber vor allem: **Sie haben Vertrauen.**

Vertrauen in die Urteilskraft der Einzelnen.
Und in ihre Fähigkeit, sich gegen das Leben zu entscheiden – ohne damit sofort krank oder gefährlich zu sein.

DÜSTERE PROGNOSEN ERWEISEN SICH ALS FALSCH

Natürlich gibt es Kritik an diesen Modellen.
Manche sagen, sie seien zu offen. Andere sagen, sie seien immer noch zu restriktiv.
Aber was man nicht sagen kann, ist: dass sie versagt hätten.

In allen genannten Ländern zeigt sich (11):

- Die Zahl der assistierten Suizide steigt nicht explosionsartig.

- Die Verfahren werden **selten missbraucht.**

- Und viele Menschen, die den Weg begonnen haben, **entscheiden sich am Ende doch fürs Weiterleben** – einfach, weil sie es dürfen.

Denn Autonomie ist nicht nur das Recht, zu gehen.
Sie ist auch die Freiheit, zu bleiben – ohne gezwungen zu werden.

Was diese Länder also besser machen?
Sie **organisieren**, was wir in Deutschland **tabuisieren.**
Sie **strukturieren**, was wir dem Zufall überlassen.
Und sie **trauen dem Einzelnen zu**, was wir dem System vorbehalten wollen.

Sie ermöglichen einen Tod **ohne Heimlichkeit. Ohne Verzweiflung. Ohne Druck. Ohne Illegalität.**

Und das ist vielleicht die größte Würde, die man einem Menschen geben kann:
nicht gerettet zu werden – sondern **gehört**.

Und auch anderswo auf der Welt geht das – zumindest, wenn nachweislich gelitten wird.

Spanien hat einen bemerkenswerten Schritt gewagt (5): Dort ist aktive Sterbehilfe seitdem gesetzlich erlaubt – nicht als Ausnahmeregelung, sondern als Gesundheitsleistung. Der Anspruch ist gesetzlich verankert und in die Zuständigkeit der öffentlichen Gesundheitsversorgung eingebettet.

Die Bedingungen sind ähnlich wie in Belgien oder den Niederlanden:

- Der Todeswunsch muss **wiederholt, eindeutig und freiwillig** geäußert werden.

- Es muss „**unerträgliches körperliches oder psychisches Leid**" vorliegen.

- Zwei unabhängige Fachpersonen prüfen den Antrag.

- Eine Kommission überwacht den Prozess.

Besonders erwähnenswert: Die **Umsetzung liegt bei den Gesundheitsbehörden** – nicht bei Privatpersonen oder Vereinen.
Das verleiht der Suizid-Assistenz eine **strukturelle Ernsthaftigkeit**, die in Deutschland fehlt. Man hat dort verstanden: Was als Grundrecht gilt, braucht **Zugänge – keine Floskeln.**

LUXEMBURG – KLEIN, ABER KLAR GEREGELT

Seit 2009 ist in Luxemburg aktive Sterbehilfe und assistierter Suizid **gesetzlich erlaubt.**

Die gesetzliche Grundlage lehnt sich eng an das belgische Modell an – inklusive ärztlicher Begleitung und Kontrollverfahren.

Auch in Luxemburg gilt: **Nicht die Krankheit zählt allein, sondern das Leiden.** Was zählt, ist der individuelle Leidensdruck – und die Fähigkeit, einen **reflektierten, freien Entschluss** zu fassen.

Wichtig: Die Umsetzung ist **rechtlich abgesichert**, ärztlich begleitet und **durch ein Komitee überprüft.**

USA – EIN FLICKENTEPPICH MIT KLAREN ZONEN

In den USA ist die Suizidassistenz **nicht landesweit geregelt**, sondern **auf Ebene einzelner Bundesstaaten.**

Aktuell (Stand: 2025) ist sie u. a. erlaubt in:

- Oregon (seit 1997 – dem ältesten Modell)
- Washington
- Vermont
- Kalifornien
- Colorado
- New Jersey
- Hawaii
- New Mexico
- Maine

- Montana (durch Gerichtsurteil)

- u.a.

Gemeinsam ist diesen Modellen:

- Nur Menschen mit **terminaler Erkrankung** (Lebenserwartung unter 6 Monaten) sind zugangsberechtigt.

- Zwei Ärzt*innen müssen den Wunsch bestätigen.

- Es gibt eine Wartefrist.

- Die Medikamente werden **selbstständig eingenommen.**

Das Modell ist konservativer als in Europa, aber bemerkenswert transparent. **Statistische Auswertungen und Begleitforschung** sind verpflichtend. Und: **Kein Bundesstaat meldet signifikanten Missbrauch.**

Ganz im Gegenteil: Viele Menschen beantragen das Verfahren – und **nutzen es am Ende nicht.** Weil sie wissen: *Ich könnte – wenn ich müsste.*

UND WAS SAGT DIE PRAXIS?

In fast allen Ländern, die eine Suizid-Assistenz erlauben:

- Bleibt die Zahl der Begleitungen **stabil oder moderat steigend**, aber **weit entfernt von Horrorszenarien.**

- Wird das Verfahren **streng dokumentiert und staatlich geprüft.**

- Sind die Erfahrungen mit Missbrauch, Druck oder „sozialem Sterben" **statistisch nicht belegt.**

Stattdessen berichten viele Betroffene, dass allein die Verfügbarkeit des Zugangs Entlastung schafft.
Wer den Tod nicht fürchten muss, kann sich oft besser für das Leben entscheiden.

Was lernen wir daraus?

Dass ein regulierter Zugang nicht zum Massensterben führt. Sondern zu **mehr Ruhe, mehr Würde, mehr Vertrauen.**
Und dass Staaten, die sich **getraut haben, Verantwortung zu übernehmen**, am Ende auch ihre Bürgerinnen und Bürger **ernst nehmen – bis zuletzt.**

„Wir müssen die Autonomie des Einzelnen respektieren."

unbekannter Abgeordneter, Bundestagsdebatte 2022

„Wir brauchen klare Regeln,
keine Grauzonen."

unbekannter Abgeordneter, Bundestagsdebatte 2022

WIE KÖNNTE ES ANDERS GEHEN?

Wenn man sich lange genug mit dem Thema beschäftigt, kommt unweigerlich der Punkt, an dem man sich fragt: Was müsste eigentlich passieren, damit dieses Recht – das in Deutschland verfassungsrechtlich längst existiert – **endlich begehbar wird**?

Die Antwort ist nicht kompliziert. Nur unbequem.
Denn sie bedeutet, dass wir uns trauen müssten, Verantwortung nicht nur rhetorisch, sondern **praktisch** zu verteilen.

Was also müsste sich ändern?
Ich versuche es einmal in einfachen, gangbaren Schritten, wie ich sie mir vorstellen könnte:

1. EINE GESETZLICH GEREGELTE ANLAUFSTELLE

Wer heute in Deutschland sterben will, findet keinen festen Ort, an den er sich wenden kann.
Es gibt kein Amt, keine Hotline, keine Einrichtung, die für sich sagt: *„Ja, wir begleiten Sie – in alle Richtungen."*

Was wir brauchen, ist:

- Eine **staatlich anerkannte Beratungs- und Prüfstruktur**, vergleichbar mit einer Patientenverfügung oder einer Ethikkommission.

- Dort können Menschen ihren Todeswunsch offen-
  legen – ohne Angst vor Zwangseinweisung oder
  Bevormundung.

- Dort wird geprüft, **nicht bewertet**.

- Und es wird **nicht überredet, sondern zugehört**.

Die Begleitung soll professionell sein – durch Fachleute mit
psychologischer, juristischer und ethischer Kompetenz.
Und sie soll respektvoll sein – **ohne Vorauswahl auf Basis
von Alter, Krankheit oder Lebensform.**

2. EIN KLARES VERFAHREN MIT NACHVOLLZIEHBAREN KRITERIEN

Der Todeswunsch soll **geprüft, aber nicht erschwert** werden.
Das bedeutet:

- Zwei Gespräche mit Abstand von mindestens drei
  Wochen

- Ein medizinisch-psychologisches Gutachten zur
  Urteilsfähigkeit

- Schriftliche Fixierung des Wunsches

- Freie Widerrufbarkeit zu jedem Zeitpunkt

Das Ziel ist **Transparenz, nicht Hürde**.
Wer diesen Weg geht, soll wissen: *Ich werde ernst genom-
men. Und ich kann mich jederzeit umentscheiden – ohne
Verlust.*

*3. ZUGANG ZU EINEM LEGALEN,
HUMANEN SUIZIDMITTEL*

Was aktuell fehlt – und was das System so absurd macht –
ist der Zugang zu einem **geeigneten Medikament.**

Statt Menschen zur Brücke, zur Gasflasche oder ins
Darknet zu treiben, müsste es:

- Ein staatlich kontrolliertes, medizinisch erprobtes
  Präparat geben.

- Die Ausgabe erfolgt nach Abschluss des Verfah-
  rens.

- Unter der Option, das Mittel **nicht einzunehmen.**

Denn viele Menschen beruhigt bereits die bloße Möglichkeit, das eigene Ende selbst bestimmen zu können.
Die Entscheidung, das Mittel tatsächlich zu nutzen, fällt
nicht selten **gar nicht**. Aber sie darf **fallen dürfen.**

4. SCHUTZ STATT MISSTRAUEN

Der Staat soll schützen – das ist unbestritten. Aber Schutz
darf nicht in **Übergriff** kippen.

Ein gutes System würde:

- Vulnerable Menschen besonders aufmerksam
  begleiten

- Angehörige optional einbinden (aber nicht verpflichtend)

- Minderjährige und psychisch Erkrankte nicht pauschal ausschließen, sondern individuell prüfen

- Missbrauch durch Kontrolle verhindern – **nicht durch Blockade**

Schutz bedeutet in diesem Kontext nicht, das Leben zu verlängern – sondern **das Sterben zu würdigen**, wenn es Ausdruck eines freien Entschlusses ist.

5. EINE NEUE HALTUNG

Was es zuletzt braucht, ist **ein kultureller Wandel.**

Ein Umdenken, das sagt:

- Der Tod ist nicht das Gegenteil von Leben – sondern sein Teil.

- Lebensmüdigkeit ist keine Schande – sondern eine existenzielle Möglichkeit.

- Ein Mensch, der gehen will, verdient Respekt – nicht Rettung um jeden Preis.

Vielleicht müssen wir aufhören, den Suizid als Scheitern zu betrachten. Vielleicht ist es an der Zeit, das selbstbestimmte Sterben **nicht nur zu dulden, sondern mit Würde zu begleiten.**

Ich glaube nicht, dass wir ein perfektes Gesetz brauchen. Ich glaube, wir brauchen **ein faires Gesetz.**

Eines, das den Unterschied erkennt zwischen Schutz und Kontrolle. Zwischen Krise und Klarheit. Zwischen dem Wunsch, Hilfe zu bekommen – und dem Wunsch, **sie nicht mehr zu brauchen.**

Was es braucht, ist kein System, das das Sterben erleichtert. Sondern eines, das **das Leben nicht durch andere erzwingt.**

„Es braucht Schutzmechanismen gegen
Druck auf alte und kranke Menschen."

unbekannter Abgeordneter, Bundestagsdebatte 2022

„Wir müssen die Suizidhilfe klar regeln,
um Rechtssicherheit für Ärzte und
Patienten zu schaffen."

unbekannter Abgeordneter, Bundestagsdebatte 2022

NACHWORT: DIR GEHÖRT DAS LETZTE WORT.

Wenn du bis hierher gelesen hast, danke ich dir.
Nicht, weil du mir zustimmst. Vielleicht tust du das gar
nicht. Sondern weil du bereit warst, dich diesem Thema zu
stellen – ohne Abwehr, ohne Wegducken.

Ich habe viel geschrieben über das Recht auf Lebensmüdigkeit, über Widersprüche, über Blockaden, über die Lü-
cken zwischen Theorie und Wirklichkeit.

Aber letztlich ging es mir dabei nie um Paragraphen.
Es geht mir um etwas anderes: **um Würde. Um Anerken-
nung meiner persönlichen Freiheit. Um das einfache
Zugeständnis, dass der eigene Wille zählt – auch, wenn
er enden soll.**

Ich weiß, dass viele Angst haben, wenn Menschen vom
Sterben sprechen. Dass der Impuls zum Helfen groß ist,
dass man retten will, schützen, halten. Und manchmal ist
das richtig.

Aber manchmal ist es eben auch nicht richtig. Manchmal ist
es einfach nur ein Reflex – einer, der mehr über den Retter
aussagt als über den, der gehen will.

Ich will nicht glorifizieren. Ich will nicht ermutigen.
Ich will keine Ikone des Abbruchs sein, kein Vorbild, kein
Held. Ich will nur sagen: **Es muss erlaubt sein, über das
eigene Ende frei nachzudenken, ohne dass einem sofort
jemand das Denken abspricht.**

Vielleicht ist das, was fehlt, gar keine große Reform.
Sondern einfach nur ein neuer Ton.
Ein aufmerksames Zuhören. Ein „Ich verstehe dich, auch
wenn ich nicht mit dir gehe."

Ein Vertrauen, das nicht alles kontrollieren muss.

Das letzte Wort über dein Leben, über dein Gehen, über
dein Dableiben – sollte nicht bei Kirchen liegen, nicht bei
Ärztekammern, nicht bei Ethikräten oder Gesetzen.

Es sollte **bei dir liegen.**

Wenn dieses Buch irgendetwas bewirken soll, dann vielleicht das: dass du dich ernst genommen fühlst. Oder dass
du jemanden anders ernst nimmst. Auch, wenn du ihn
vielleicht nicht verstehst.

Denn vielleicht ist das die letzte Form von Respekt:
nicht alles verstehen zu müssen – aber **nicht dazwischen-
zutreten.**

Danke fürs Lesen.

FUßNOTEN

[1] BVerfG, Urteil vom 26. Februar 2020 – 2 BvR 2347/15 –, Rn. 1–342,
https://www.bverfg.de/SharedDocs/Entscheidungen/DE/2020/02/rs20200226_2bvr234715.html

[2] Reiter-Theil, S. (2013). Suizidwünsche und ärztliche Verantwortung. In: Ethik in der Medizin, 25(4), 327–339.

[3] Birnbacher, D. (2010). Sterbehilfe – Ein Überblick. Bundeszentrale für politische Bildung. www.bpb.de

[4] Ziegler, S. J., & Bosshard, G. (2014). Role of non-governmental organisations in physician assisted suicide. BMJ, 348, g2079. https://www.jstor.org/stable/20506344

[5] Ley Orgánica 3/2021, de regulación de la eutanasia (Spanien), Boletín Oficial del Estado, 25.03.2021.

[6] Government of Canada (2023). Medical Assistance in Dying. https://www.canada.ca/en/health-canada/services/medical-assistance-dying.html

[7] Deutsche Bischofskonferenz (2020). Stellungnahme zum Urteil des Bundesverfassungsgerichts zur geschäftsmäßigen Suizidbeihilfe. www.dbk.de

[8] Bundesärztekammer (2021). (Muster-)Berufsordnung für die in Deutschland tätigen Ärztinnen und Ärzte. https://www.bundesaerztekammer.de

[9] Schnebel, E. M. (2013). Ökonomisierung der Pflege. In: Ethik in der Medizin, 25(1), 27–38.

[10] WHO (2014). Preventing suicide: A global imperative. World Health Organization. https://www.who.int

[11] Bosshard, G., Fischer, S., & Bär, W. (2008). Swiss practice of continuous deep sedation until death in comparison with practices in the Netherlands, Belgium and the UK. Journal of Medical Ethics, 34(9), 599–604.